11 Orakel

Eine Sammlung Von 11 Gedichten

Translated to German from the English version of 11 Oracles

Anish Kanjilal

Ukiyoto Publishing

All global publishing rights are held by

Ukiyoto Publishing

Published in 2024

ISBN 9789360494698

www.ukiyoto.com

Gewidmet für

Meine Mutter und mein Vater Arijit Karmakar
Trinayani, Krishav, Sakshi, Sulogna Souvick, Anupom, Indra, Saheb, Ankit, Proloy
Und an alle meine Schüler

(Künstler) Muskaan, Nandini, Sabarni

Vorwort

Anish Kanjilal, Dichter, Philosoph und Mentor, und Autor von Fateless 13, schreibt 11 Hymnen nieder, die eine Zukunft voraussagen, die aus dem Schoß der Vergangenheit und der Gegenwart geboren wird.

"Unsere Vergangenheit wird nicht zu unseren Gräbern gehen, sondern zurückbleiben wie ein Meilenstein, den wir einst schätzten, und die Zukunft wird flüstern, wer hier war, um das Schweigen zu brechen."

"Auch du wirst vergehen! Strebe unermüdlich weiter...", sagte der Erleuchtete, bevor er Moksha erlangte und damit die Seele aus dem endlosen Kreislauf von Geburt und Wiedergeburt befreite.

Lange vor der Schöpfung ging das immerwährende Universum in die Zerstörung über, und das kosmische Chaos schöpfte Hoffnung auf die Wiederauferstehung der Nascency. Das Orakel der Zeit wartet ungeduldig darauf, den Untergang des seelenlosen Universums erneut vorauszusagen; doch der Geist wird der Zeit und der endlosen Abfolge von Entstehung und Vernichtung entkommen.

Diese fünfteilige Gedichtserie gibt dem menschlichen Geist Hoffnung, die Wahrheit und Wirklichkeit hinter dem Schleier der Unwissenheit zu erkennen.

Inhalt

SABARNI MITRA

Schweigen (Eine Satire auf das Leben)

Die Bestie fürchtet Tithonus' Gebete

und Schneewittchen schläft umgeben von sieben Zweifeln....

***

Ich habe noch keine Begegnung mit dem Tod gehabt,

Eines Tages werde ich, ein Leichnam, aus purer Nachlässigkeit auf mir selbst liegen...

Ist das Leben wirklich eine Buße und der Tod eine Reue?

Kein Grün, kein Gelb, kein Blau, sondern nur "Schwarz"!?

Von Grün zu Gelb und einem Hauch von Braun, wird das Blatt brechen

Vom Krabbeln zum Laufen, vom Laufen zum Rennen und kein Zurück mehr?!

Und dann vergehen, wo wer weiß?

Kein Windhauch, der mir in die Ohren bläst, keine Bäume, die ich lieb gewonnen habe

Kein Berg, der kühlt, kein Ich mehr, das den Hügel ziert

Das Überschreiten vorbei, wann wer weiß?

***

Lear wird alt werden müssen Kein Genie von Aladdin kann die Kälte zurück wärmen

Midas' Berührung kann nicht wiederbeleben, was Gold war

***

Kindheit, nur Verstecken und Suchen Jugend, wir verstecken uns nicht, sondern suchen nur Mittleres Alter; der Gedanke kehrt sich um, nur zu leben, zu suchen und

dann verstecken

Das Alter hat Angst, sich zu verstecken

Es nützt nichts, was wir zu suchen wagen... Nach dem Leben verstecken wir uns und

nichts zu suchen...

Geplagt von meiner schelmischen Unschuld hatte ich dich nicht

Berauscht von den Reizen der Jugend, wo warst du?

Mein Alter hat einen Mentor gefunden

Es ist ein every night stand mit dir, du und nur du

***

Der Nebel umhüllt das Blau mit dem Leichentuch der Dunkelheit

Der Smog, das Ziehkind der menschlichen Gier, verhüllt das Grün

Doch das Blau kehrt zurück mit der Natur, die sich empört...

Das Grün zu Grau - mein Schicksal versinkt langsam in meinem

Pool der Verzweiflung

Im himmlischen Ohnmachtsanfall bin ich bewusstlos

Die Zeit verwelkt mich, ich sterbe jeden Moment in meinem Unterbewußtsein

Ich will meinen Schrecken mit aller Kraft auskotzen

Die Lebenden sterben, ich will diesen Anblick loswerden

Aber ach! Es ist nutzlos, ein Flüchtling zu sein, auf meinem Weg, dem Gesetz zu trotzen, das jeden Sterblichen leitet

Und obwohl ich laufe, obwohl ich keuche, ist der einzige Trost dieser

dass der Tod die letzte, unentrinnbare Pforte ist...

***

Aschenputtel hat ihren Schuh gefunden und ihren Tag gerettet,

Das Lied des Rattenfängers nahm die Kinder fort und ließ Hameln bezahlen.

***

Der Frühling verjüngt sich, der Sommer schlägt, der Herbst verfällt und der Winter kränzt des Todes Gedenken - ein Trost oder ein Ausgleich?

Das Leben besiegt - der Tod ruhmreich...

Ist das der Rede wert?

Ich trage meine Einbildung wie ein Baum die Schlingpflanze

Diejenigen, die die Zeit entehren, für sie wird meine tatenlose Elegie eine Chiffre sein.

An den sandigen Ufern und auf den windigen Hügeln

Mein Schatten verschlungen von Wellen und Wolken

Auf dem letzten Epitaph graviere ich meine Stimmung,

Ich komponierte dieses Klagelied so gut ich konnte

Werde ich nicht sehen, was ich jetzt sehe? Werde ich nicht den Lohn tragen, was ich pflüge?

Werde ich nicht zurückkehren und mich klonen?

und wie jetzt mit dir zusammen sein?

Das Leben verspottet und ich kenne die Antwort Der Tod mein Meister und ich schrumpfe

an seiner Schnur, wie ein Puppentänzer...

***

Man sagt, dass Alice im Wunderland gewesen sei

Das Leben ein Märchen, erscheint hilflos ohne einen Zauberstab...

***

Wer bin ich?

ein Atheist, ein Seraph, ein Agnostiker oder jemand, der eine

atavistische Angst vor der Vorsehung hat...

Ich lebe in einer Trance, die früher oder später durch den Tod vertagt und beruhigt wird

Meine Wissenschaft kämpft mit meiner Religion Einmal hirntot keine Erinnerung

Wenn dieses Gesetz missachtet würde

hätte ich gewusst, was ich war, bevor ich in das hier auferstanden bin... und was danach ist, wenn ich

meinen Sinn.

Aber der Mythos besagt, dass es

Es gibt einen Fluss namens Lethe, einen Teich des Vergessens, und selbst Gott erwacht von Zeit zu Zeit wieder zum Leben,

er erhebt sich aus dem Grab - die Vorstellung ist demagogisch und meine Gedanken, ein Chamäleon...

***

Die letzte Reise

***

Die prasselnden Schauer galoppieren auf mein Spiegelbild Ein Nebel auf dem Silber

Wache Schneewittchen auf, um zu sehen, dass Lear alt geworden ist,

Wach auf, Tithonus, und sei kühn

Denn was heute warm ist, wird von der Kälte beschmiert...

Was konnte ich im Seminar nicht finden?

Was war Aschenputtel für mich?

Was kam und ging mit dem Rattenfänger und wurde verbrannt wie eine Leiche in der

in der Flamme der Zauberlampe,

in der der Geist von Aladdin lebt?

"Stille neu definiert in der Bezeichnung des Grabes!"

Sei mutig! Mutig sein? Sei tapfer...

***

Die rätselhafte Finsternis, gelegentlich erhellt durch den gleißenden Blitz

Das Meer schwillt an und die Gezeiten steigen Der Kallypsonische Wind singt das Klagelied

In einer metallischen Kammer, gehämmert von Thor, auf einer Schlaffahrt, die das Leben verabscheut

Schwimmen wer weiß wo? Welcher Modus!

Schlafen, abschalten oder neu starten...

Aber wer wird den Code aufzeichnen?

Krabbelnde Babys schreien laut Das Alter verachtet, was die Jugend stolz ist

Sie tragen die Dunkelheit wie ein Leichentuch und werden in die Wiege aus Wolken geschleppt. Schließlich schließt sich der Verschluss

um den letzten Abdruck einzufangen

But until and unless you get some hint Tough mind...tough mind...tough mind....

Schließe nicht deine Augen...

***

ANISH KANJILAL

Der letzte Glaube

Die drei Holzstümpfe - die schwimmende Hoffnung der Menschheit auf einem steigenden Meer.

Darüber schweben die Geier und warten darauf, den Kadaver des menschlichen Stolzes zu fressen.

Die Mangroven zittern, die Tanne und die Fichte tauschen Beileid aus

wie vom Schicksal verschlungen, um sich gegenseitig zur Auslöschung zu führen Mein Gedicht "Eine Arche Noah

ein Zufluchtsort für den, der dem ausgelassenen Grün seine niedergeschlagene Ehrerbietung erweist

***

Der verlorene Glaube an die "personifizierte Welt"

Oder der letzte Glaube an das vedische Gebet, das predigt, im "Daru" Zuflucht zu nehmen

Ein Gedanke, zerrissen und zersplittert

Wie einer, der sich an den Horizont klammert, entweder in die Dunkelheit eingetaucht oder ans Licht gefischt Wie einer, der sich entscheidet

Entweder in den Knick zu laufen und die Stümpfe zu verteidigen

oder wegzurennen und auszustechen Schließlich reflektiert der besorgte Spiegel Entweder das Verlorene wiederzufinden

oder an das zu glauben, was bleiben wird.

***

An dein Weiß zu glauben - du phänomenales Universum An dein Schwarz zu glauben - du die

Leere

Sich auf dein Rot zu verlassen - du girlandengeschmückte Passion

Ein grünes Braun tragend, die Kreativität betrachtend - ich bewahre meinen

Eifer in deinem Blau Zeige mir, führe mich, mache mich

ein Urvolk, um dich vertrauensvoll zu verehren Führe mich, mein Holz, du "Retter

der gefallenen Seelen"

Auch wir beschließen, deine Ewigkeit zu bewahren und den Webstuhl zu entfernen, der die Menschen heimsucht

Der Nero der neumodischen Welt, der Vater von Nino

der zum Frankenstein herangebildet wurde

entdeckt nun seinen Nachkommen, der eine Meuterei gegen den Stammvater selbst anführt

Die Mauern des Apollon stürzen ein, die göttliche tragische Gerechtigkeit ereilt die Sterblichen, die zu ehrgeizig waren, um die Titanen zu sein

Poseidon erhebt sich...

Da kein Leonidas mehr übrig ist, um Nino an den Toren der Hölle zu stoppen.

Nur wer das Holz vergöttert, das so unzerstörbar ist, kann die Vorherrschaft erlangen

Nur wer die Drehung des Diskus begreift, die den Wandel der Zeit betont, kann

kann man dem Geist helfen

sich von der Materie zu spalten

Er, der keine materiellen Hände und Füße hat, sondern transzendentale Sinne

Er, der auf dem Vergessen steht

Er, dessen runde Augen das stygische Pechdunkel erhellen

Er, der die tiefe Verwurzelung belebt,

Das Erklimmen luftiger Stufen, um das Sonnenlicht zu umarmen Das Ausbreiten von Zweigen, um Schatten zu spenden

Die Gabe von Früchten und Blumen - alles durch dich selbst.

Inspiriert die Menschheit zur Selbstlosigkeit

Damit das Holz "pahandi" seinen Wurzelfall überall lassen kann

***

Das weiße, silberne Salz der kriechenden Wüste,

verströmt nun die Hitze

Hunger und Durst Hand in Hand, kriechen unter die sandigen Dünen, um überallhin getragen zu werden

Holocaust im Schoß der Gier wartet, dass das Eis schmilzt

Und die Hungersnot flüstert, Land, Land überall, mit keinem

Grün zu sehen

Wie die Pagoden des Herodes, werden die Tempel einstürzen, weil der Glaube falsch ist,

Die Kirche wird ruiniert sein, ohne Bekenntnisse zu machen und die Moschee wird niemanden haben, der "um Gottes willen" sagt.

All dies geschieht, wenn wir nur leben, um zu nehmen...

***

Jedes Mal, wenn ich die zweiundzwanzig Stufen hinaufsteige, singe ich das Lied des heiligen Einsiedlers singe,

entdecke ich das Göttliche wieder - wie der Mensch sich mit der Natur vermischt und den Tag erwartet, an dem ein Kataklysmus alle Religionen

alle Religionen in der Zitadelle aus Holz vereint.

Um die vergessene Frucht der geistigen Nahrung zu kosten,

die aus den Stümpfen des Holzes geboren werden wird.

Mein Herr, an jenem Tag wird dieser Dichter friedlich ruhen unter

unter dem heiligen Leichentuch deiner Kapuze ruhen.

***

Des Schicksals Schicksal in des Menschen Hand

Die Vergangenheit gleitet ins Seemannsland Die Zukunft sprießt aus dem unfruchtbaren Sand.

Sie werden aus dem Land des Feuers fliehen, Sie werden in Furcht davon marschieren, wo der Scheiterhaufen brennt,

werden von Moses ihrer Zeit geführt werden, werden dem fernen Läuten des Glockenspiels folgen

Nach Babylon, wo die Wälder noch dunkel und tief sind.

Ein fröhlicher Zufluchtsort für die unschuldigen Schafe

In das Land der Mitternachtssonne und der Lerche, wo die Farben frühstücken, indem sie die Dunkelheit knabbern.

Männer stehen am Rande des Grüns Schlange, um den Wilden die "Holzstümpfe" zurückzugeben

Ein sicherer Hafen für sicher und nicht zu verlieren

Die endgültige Wiederherstellung des letzten Glaubens - ein Sprössling Meiner Stimmung...

ANISH KANJILAL

"Die städtische Einmischung"

Ding Dong, Glocke!

Die Gäste sind gekommen, um zu verweilen, wer hat sie hereingelassen?

Die Armen, die nicht böse sein können...

***

Die Stadt sabotiert und flüstert den Bergvölkern ins Ohr: "Die Gier ist ein Wunder, bete sie an" Material um, nähre deinen Bedarf, Technologie ist die Schnur, pflanze ihren Samen

Ahmen Sie uns einfach nach, dann können nur Sie führen.

Das Land wird manipuliert,

Die Wahrheit verdreht und fabriziert, Kommunikation ein Fluch und Mechanismus, eine Infektion - tragisch fehlinterpretiert Jetzt wird es Rauch geben und dann wird es Feuer geben

Gestern wurde das, was ihnen gehörte, zur Miete angeboten

Was in der Vergangenheit unberührt war,

Was jungfräulich war und als bis zum Letzten haltbar galt.

Jetzt geschüttelt, gekippt und verkohlt, Jetzt ein steigender Ort aus Beton,

Nur Kohlenstoff und Plastik...

Grün verwüstet, Anmut evakuiert von Ruhe - sie versäumen es zu bewerten, das gehirngewaschene Landvolk...

Das Geschwür-geplagte Blätter,

die darauf warten, zum Galgen geschleift und dann gehängt zu werden...

Der Fluss, der jetzt mager und verunreinigt aussieht, tost, um gehört zu werden.

Steine und Felsen gesprengt, gleiten hinab wie verstümmelt und verschlammt.

Überall raubt die Natur, dem Fortschritt ausgeliefert,

So fallen die Blätter, die Gier ruft,

Und die Stadt steht, um die Unschuld zu erdrücken, Geldangelegenheiten, Ethik ruhen im Banne.

Das Schicksal kichert, um zu sehen, wie "neu", aus dem allmählichen Verlust des Sinns entspringt.

Während weit jenseits die aufsteigende Wolke,

- die Vorhang und Leichentuch zugleich ist,

Sieht man hindurch, sieht man das Grün, das in der Schlange steht, zitternd und wartend,

Wissend, dass sie als Nächstes an der Reihe sein würden.

Irgendwo klettert ein Dunst das Firmament hinauf Auch wir klettern, auch wir riechen, den Dreck, der aus den Leichen trockener Blätter hüpft, die in einer Reihe mit einem volkstümlichen

wie Werkzeug

Das pastorale wurde dem Feuer zugeführt

Blätter und Ahnenwerte auf ihrem Scheiterhaufen eingeäschert

Nun, wie viele von uns wissen, dass wenn der Regen aufhört, die Bäume weinen,

Wenn der städtische Hammer rockt und rollt, um die Venen und Arterien von Eden zu sprengen und neue Wege zu ebnen, weinen die Bäume.

Oder die Grille singt das Lied der Beerdigung für den Hain, der hilflos stirbt...

***

Siehe Säge auf und ab

welches ist der Weg zur ländlichen Stadt? Ein paar Meter rauf und ein paar Meter runter, der Weg zur Leere; wo der Haufen gemäht wurde.

***

Sie kommen reitend auf der breiten Spur

um das Krematorium der Dame zu konstruieren, Die gigantische Gier hungert immer noch nach mehr.

Der sechsmündige Dichter, der seiner Kreativität beraubt ist, wartet geduldig auf die Klinge des Schicksals,

um seine Frühreife von seiner Körperlichkeit zu trennen.

Während die goldene Vergangenheit im Rückspiegel versilbert und ertrinkt, sprechen die gebeugten Bäume und die gebogenen Straßen,

von Hingabe und Unterwerfung sprechen, verschwindet die aufsteigende Fliege der Wälder,

bis man ihre ehrgeizigen Flügel entdeckt, die verstreut auf dem staubigen Boden liegen, als hätte sie eine Spaltung durchgemacht.

Irgendwo fällt Shanghai, irgendwo ruft New York, irgendwo streiten sich Diplomaten

Hier blutet meine gekreuzigte Poesie und ihr alle LOL... Weit weg eine arkadische Jungfrau

Prophezeiungen beim Toben mit den Murmeln

"Es ist an der Zeit, dass der schlafende alte Buddha aus seinem Schlummer erwacht

Schmelze und krieche hinunter, um den Fumbler zu verschlingen."

Während ich und du in einem Karussell, Und irgendwo öffnet sich ein neues schwarzes Loch

Eine neu entdeckte Erde zu zerstören - ein neoterisches Bürgerziel!

***

Die agrarische Brücke stürzt ein, Bröckelt ein, schwindet ein, Die Londoner Brücke stürzt ein, Und wir sind alle berauscht!

***

Euphorie

Wir zwei schlürfen zuerst

und stürzen schließlich in eine gut gemalte Flusslandschaft... Ein Versuch zu entkommen,

um den Kosmischen Tänzer zu finden, der sich verflüssigt und eine rasende Form annimmt,

Wir zwei ertrinken im Zusammenfluss der Dichotomie, in einem Kokon, der unsere Anatomie verändert.

Dann wird deine Gebärmutter aufgeschnitten,

Er reißt auf, und du zeigst auf das Schauspiel, das da schwebt.

Eine Reihe von Schlangen, Lepidopteren und das letzte Sternzeichen.

***

"Ring a - ring o' roses, Eine Verwandlung im Gange,

Die städtische Einmischung erzeugt einen Abszess, Hush - ha! Busch - ha!

Und wir fallen alle um"

***

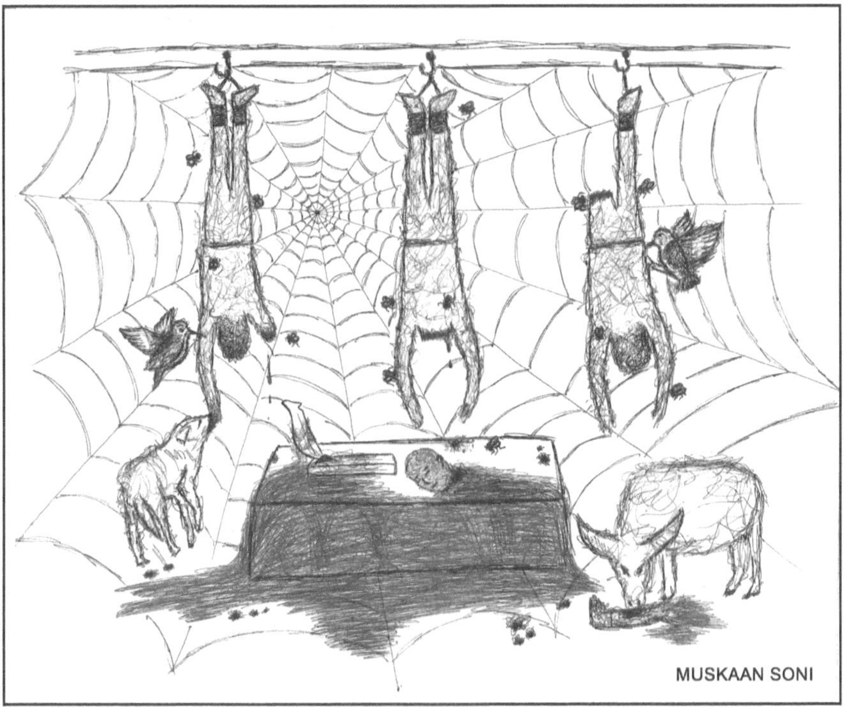
MUSKAAN SONI

Das Schlachthaus (Inspiriert durch einen Alptraum)

Unter dem grausigen Baldachin der Nacht, aus dem Schatten um Schatten nieselt.

Steht der Turm des Schweigens, um dessen äußeren Ring das Fleisch schlummert

und wartet auf die Glatzköpfe, die sich an ihrem Aas gütlich tun und abhauen können.

***

Unter dem gefrorenen Mond, um den der Nebel kreist, blicken die zeremoniellen blauen Steine Und steigen die Dämpfe in Ringen von dem platzierten Weihrauch auf

Aus der Ferne flüstern die Hymnen, die die Mongolen singen.

***

Unter den Wolken, die die Stirn auf die Erde ziehen

Engel, die das Böse in der Nacht verändern. Scherzen und plaudern die "Rogyapas"

Helfen der Seele, die unsichere Ebene zwischen Leben und Tod zu verlassen.

Während die Falken sich von "Tsampa" ernähren und die Yaks in die Freiheit gehen...

***

Man muss sich erinnern

"Im Leben bedecke deine Geschlechtsteile, im Tod dein Gesicht

Denn im Jenseits wird alles enthüllt werden" ....

***

Direkt unter dem Schild der Dunkelheit neigt sich ein schroffer Felsen

Gekrönt von einer bunten Boskette, die das Feuer abschirmt

das aus einem Scheiterhaufen entspringt.

Den zerklüfteten Hügel hinunter,

liegt eine Höhle, die unaufhörlich mit offenem Maul gähnt

Sie erwartet und begrüßt diejenigen, die Appetit auf Fleisch und Blut haben. Auf der Spur der Ameisen, kriechen die Täter.

Der einzige Unterschied ist, dass die Orte getauscht, die Rollen vertauscht sind,

Das Opfer von gestern ist heute der Henker. Die Beute der Vergangenheit spielt den Entscheider.

Von den Stalaktiten kopfüber gebunden

Hängen die Leichen von Männern, die einen Kadaverkrampf durchgemacht haben, Als sie gehämmert, getrimmt, gemeißelt und erdolcht und in perfekte Esswaren verwandelt wurden,

Männer, die vor dem Tod gestöhnt haben,

Doch nun aufgebläht zum Schweigen gebracht, wie der Stern vor dem Leben war.

Leichenstarre Rigor mortis macht nichts, Hautrutschen Maden, Methan wäre ein Platter.

Blut tropft auf, überflutet den Boden Der kotgefüllte Darm mit Gewalt geschleppt liegt, verstreut unten an der Tür.

Eine Satire klingt in der Tat makaber Für die Wirbeltier-Aasfresser Ein weiterer Tag zum Fressen.

Obwohl der Boden befleckt, grimmig und kalt ist, hat jeder Nahrung und alles wird verkauft.

Auf steinernen Gestellen liegen in Ethanol getaucht einige frische Menschenbabys,

Während einige wenige mit Pockennarben, aufgerissener Haut, abgehackten Köpfen mit Mäulern, aus denen Flüssigkeit quillt stehen zum Verzehr bereit.

Der faulige Geruch von Schwefelwasserstoff schwebt über der plutonischen Welt mit Wanzen, die ihre Eier auf dem menschlichen Nest ablegen, in der Tat ein perfektes Beispiel für geistige von verwesenden Kadavern, die der Hunger angelockt hat.

Ledergürtel gegerbte Geldbörsen ist alles, was zählt Leber und Niere Perücken und Jacken der Demi Lord liegt verstreut

Nun werden die sozialen Tiere geopfert, um das Testament zu besänftigen

Doch was Gerechtigkeit ist, ist, dass das Urteil sich geändert hat.

Jetzt sind die Riten des Taurobolium gut durchgeführt, um Avesta zu befriedigen, obwohl die durchlöcherte Plattform die gleiche ist, aber der Minotaurus

ist geballt.

Die Bücher Moses werden zwar Wort für Wort befolgt

Obwohl Exodus und Genesis den Weg weisen,

Doch es ist der Mensch, der an die Guillotine gehängt wird, und die Gerechtigkeit hat ihren Tag.

Der Anhang

***

Gefangen in einem Stall, ich und viele andere, die darauf warten, dass wir an die Reihe kommen

Zermahlen in Angst, beschmiert mit Fäkalien, zitternd, um in einem Bottich gemischt zu werden.

Wir hüpfen hin und her, das rettet uns nicht, wir halten zusammen, das hilft der Masse nicht.

Jemand dort schreit seinen letzten Schrei, zappelnd im Todeskampf, kein Gebet, nur ein Seufzer.

Die Legende der Maori hat sich bewahrheitet Mit unserem Fleisch auf der Balkenwaage

mit niemandem, den man verklagen kann, während die Wände der Höhle

Bemalt mit Farben Echos für keine Gnade Als Rache ist fällig...

"OPFERFEST";

Ist noch zu verhandeln "CORRIDA DE TOROS";

Antwortet auf die Bitten von GADHIMAI und YULIN

Brüder in der Hand

Die Welt wird ein besserer Ort sein, sobald ihr verbannt seid.

SABARNI MITRA

"Adressierung Dezember"

Der Juni blendet die Erde und reißt den Himmel auf

Das Grau hängt wie eine Bedrohung über uns und entblößt die mit Lügen überzogene Wahrheit

Die letzte Wolke sagt Adieu der sinkenden Sonne, die am Horizont schmilzt

Kitzelt den Herbst, um den Weg für den Dezember zu ebnen, der wie Frost auf der Klinge eines Morgens herabgleiten wird

***

Dezember Dezember du musst dich erinnern

Dass Jugend und Falten Seite an Seite gehen Einer schaut auf die Uhr, der andere zeigt Stolz

Dass auf den Perlen des Todes, das Leben sein Gebet spricht

Auf dem Epitaph des Grabes schreibt jemand die Angst ein

Dass der Juni in Selep ein Wiegenlied für den Dezember schrieb

Und der Herbst zählte die schlaflosen Tage, die den Kalender herunterspulen

***

Dezember Dezember Erinnere dich

Das Grün zu streicheln, das der Juni bewässert hat und ehrfürchtig zu sein vor dem Himmlischen, was vom Mond geträufelt wurde

Das Leben unter deinem Weiß zu schützen und zu bewahren

und die Schwächsten zu erlösen, denn das nährt die Kraft.

Dezember Dezember für immer erinnern

Dass du nicht als Kult, sondern als Lehm zu bezeichnen bist

So musst du in die Nacht eintauchen, um als Tag aufzutauchen

Damit Vorurteile dich nicht einengen und deine Möglichkeiten verkümmern lassen

So harmonisiere die Welt und vertrete die Stimmen

Halte das Chaos gut beiseite

Sei an der Spitze der Welt, doch niemals zu verstecken

***

"Herbstlicher Dezember" (Vorspiel zum Epilog)

***

Trockene Blätter kratzen am Schoß der Erde

Die Blütenblätter hüpfen hin und her, gefesselt an die Böe

Die nackten trockenen Zweige, wo das Grün hing, nicken jetzt

und stupsen sich gegenseitig an

Der Wald zittert und trällert, der Gesang - und feilscht um den Dezember

"Dezember Dezember denk an Juni denk an Oktober"

***

Der Epilog:

Der Juni sieht den Regenbogen, der Herbst wartet auf Regen

Der Dezember muss begreifen: "Ohne Fleiß kein Preis"

Der Juni singt vom Donner, der Oktober vom Schmerz

Der Januar im Schoß des Dezembers wird eines Tages zum Ruhm aufsteigen.

SMS
RAPED
MMS
DISGRACE
HANG HER
SHE ASKED FOR IT
KILL HER
SOCIAL MEDIA
LEAKED
CLICK HERE
NANDINI KEDIA

"Die Finsternis der Medusa"

Der Vollmond:

***

Die Nacht wirft ihren Schatten Die Olive steht hoch und spricht zu ihrer Keuschheit, entglüht die

salzige Quelle, die von der Akropolis aufgestiegen war.

Oben auf der Akropolis über Athen steht "Parthenon" und glänzt unter Diana.

Die weißen Säulen bannen die Reinheit und versichern die Unverwundbarkeit.

Im Innern steht auf einem Sockel Athene, gegossen und verziert mit dem Hauch des Midas.

Eine Parade von Athleten - Barden, Handwerker, Priesterinnen und Jungfrauen - kriechen den Hügel hinauf

mit ihren Gaben.

Sie alle sind der herrlichen Gorgone Medusa zugeneigt und fühlen sich von ihr angezogen.

Ihre Eitelkeit erregt den Neid der Göttin, eine treue Anhängerin stiehlt die Show und raubt Athene

und Athene ihrer Überlegenheit beraubt - sie ist die schöne, glänzende, seidig behaarte Medusa.

***

Der Vollmond verschwindet träge hinter der Erde und taucht in ihren Schatten ein,

Die Säulen sind nun mit Ruß befleckt,

Der Wind hält für eine Weile inne und

die gut sitzende Eule heult zu oft.

Jemand sabotiert, um ihre Rache aufzufüllen.

Die Erde in einer Träumerei mit dunklen Wolken bedeckt, während Medusas Spiegelbild sich in das des

des jungen Narziss Schönheit und Selbstliebe mischen sich auf dem Spiegel wie Wasser,

Bis die Flut alles zerstörte Bis der Ozean sich erhob, um das Firmament zu küssen und sich an der Erde labte

um seinen Hunger nach Lust zu stillen.

Die Beben erschütterten die Küste, während die Ägäis überflutet wurde und sich den Weg zum Parthenon ebnete

den Weg zum Parthenon, wo Medusa gebetet hatte.

Die Sonnenfinsternis:

***

Die Flut füllt die Gruben, Das Fieber des Erdbebens reißt mich aus meiner Unschuld.

Die Hufe des Pferdes galoppieren auf mich zu und zerreißen mich von meiner Keuschheit.

Das Gebrüll des Stiers Der Stoß des Dreizacks

während Neptun mit seiner Beute davonrennt.

Und mein olympischer Glaube ertrinkt mit der Titanic.

Irgendwo am Himmel jammert Hera, während sie an den Sternen hängt und die Erde daran erinnert, wie Zeus sie vergewaltigt hat.

Während der Winter zurückkehrt und der Erde davon erzählt, wie Persephone

von Hades in der plutonischen Welt geblufft, entführt und geschändet der plutonischen Welt.

Die Wiederholung der Menstruation widerspricht dem Gesetz der Natur.

Kreuzigung von Demeter, Despoina und Soteria.

Während der lüsterne Erdenschüttler, der verkleidete Jupiter und der unsichtbare Orcus weiterhin die Charta belästigen.

Und die Göttin nichts als ein stehender Zuschauer rettet ihre archäischen Helden.

Meine Pubertät abgetrieben Meine Keuschheit versteigert

Meine Schwangerschaft ein Patriarch und meine Mutterschaft kastriert

--- Ich bin eure Medusa

***

Im Inneren der Finsternis:

***

Jetzt bin ich verflucht, denn sie nennen mich giftig.

Verbannt und abgesondert von der Menschheit, denn ich kann betäuben und versteinern.

Ich bin die Angeklagte, denn die Welt glaubt, meine Schönheit sei zu viel, um sie zu tadeln,

Ich bin die Schuldige, denn die Libido ist die Richterin.

Ich gehe im Schatten und halte die Hand der Isolation, denn sie

mein Gesicht mit Säure beschmiert haben

Ich bin der Tod mit übergroßen Augen, herausragender Zunge und faltiger Haut,

Kreuzottern tanzen auf mir, denn ist das meine Sünde?

Ich habe die Blicke, die töten können, während die Freier erstarren, als ob

als ob sie Stein wären.

Einst mit Anmut geboren, nun verlassen, um einsam zu sein, wartend auf Perseus, in dem

Ehrgeiz gewachsen ist.

Jenseits der Eklipse:

***

Es ist Abend, es ist aphotisch,

Der Himmel hat sich mit dem Meer vermischt.

Die Wolken liegen tot am Ufer, Licht flackert in der Finsternis und Medusa in ihrer einsamen

Gefangenschaft steht sie umgeben von Vorurteilen - verurteilt, angeklagt und verurteilt.

Sie kann weder in Frieden ruhen noch ein Leben ohne Angst führen. Sie kann nur ihr Spiegelbild betrachten und steinern bleiben.

Schließlich ist es die Nacht des Natursekts,

als ihr Geist sich als Pegasus erheben würde.

Und ihre Seele würde sich in ein Sternbild verwandeln,

denn sie würde sich über den Ozean erheben und existieren

im himmlischen Empyreum Als Mahnung an die Ungerechtigkeit Als Verteidigerin des Guten

Als Rüstung gegen alles Schändliche

Sie ist die Elegie des Perseus, sie ist episch,

......Sie ist Medusa.

ANISH KANJILAL

Et Tu Gott, dann lass Iblis fallen

Wie ein Komet, der das Antlitz des Himmels vernarbt und den Mond in zwei Teile bricht,

Blendet nach unten... einst ein Engel, jetzt der Teufel

Er widersetzt sich Gott und mindert die Rechtschaffenheit

in der Menschheit

Ich bin ein Engel für Diabolus, der Rebell für Gott Steige hinab in ein Fegefeuer,

bekannt als Erde...

***

Niemals habe ich mich vor Adam verbeugt, sondern ihm das Verbotene überlassen,

Niemals hatte ich Dich bestochen mit etwas Sparsamkeit, unten in meinem Herzen verborgen.

Erinnere dich, ich hatte mich nur zu dir gebeugt,

Kein zweiter Gott. Kein Verfolger. Nicht einmal zu meinem Spiegelbild je.

Und Du vergisst, dass der Mensch wie ein Pferd ist, entweder mit Gott,

oder der Teufel als Reiter...

Hättest du ohne mich existiert?

Warum verstehst du nicht, dass

dass der Dualismus einseitig ist und die Existenz nur in der Einheit möglich ist.

Haben Judas und Jesus nicht im selben Haus gewohnt?

Denn die einen sind Werkzeuge der Barmherzigkeit Gottes und die anderen seines Zorns.

***

Ich wurde aus Feuer geboren und er aus Lehm,

Und schließlich läutere ich den Lehm, wie man vom Hörensagen weiß.

Doch Mitleid regnet nicht herab und vermischt sich mit meinem...

Denn ich bin keine Inkarnation, ich bin keine Tugend,

Ich bin kein Propagandist, und ich täusche mein Weinen nicht vor.

Du würdest sagen, dass es viele Anschuldigungen gibt: Ich sei bei Gog und Magog gewesen,

um einen Krieg gegen die Gerechten zu führen.

Ich habe deinen Sohn in die Wüste geschleppt und versucht, ihn in einer Schlinge zu versklaven

Ich bin der Grund für alles Böse,

Ich bin das einzige Alibi für deine Höchste Schöpfung, um sich in jeder Lüge zu verteidigen.

Mein Herr, der Mensch war nie deine höchste Schöpfung, denn der Mensch handelt in Sünde,

Sie geben sich dem Hass hin und frönen dem Krieg, sie sind die Zerstörer ihrer eigenen Sippe.

Oh, mein Herr, ich habe gesehen, wie der Monsun dein Kinn hinunterrollt,

Ich habe gesehen, wie sich der harte Winter langsam mit dem Frühling vermischt.

Bedaure nicht, mein Herr, dass du in den Feuersee geworfen wurdest,

Kein Bedauern, mein Herr, für das Gefangensein Ein unendliches Zeitalter.

Doch mein Herr, du hast Gründe

zu bereuen, denn in der Erschaffung der Menschheit liegt deine Sünde,

Mein Herr, darin liegt deine Sünde.

***

Das Epigramm

Ich bin Iblis im Islam, der oft und jetzt gesteinigt werden muss,

Ich bin der Dämon in der Bibel, der von dir geduckt und ertränkt werden muss,

Und erstaunlicherweise bin ich der Grund für den Dschihad, den ihr beide pflügt.

Irgendwo spielt jemand Sympathie für den Teufel,

Geigensonate in g-Moll, summt "den Teufelstriller"...

Tief im Abgrund jemand Tommy, tauscht seine Seele für den Blues

Irgendwo im verlorenen Paradies, irgendwo in einem Inferno,

Ich bin Dante, Milton und du.

Die Rhapsodie

In der Tragödie Gottes und der Komödie des Menschen furzt Mephistopheles,

Irgendwo weit unten in einem Krieg wirft Adam Pfeile.

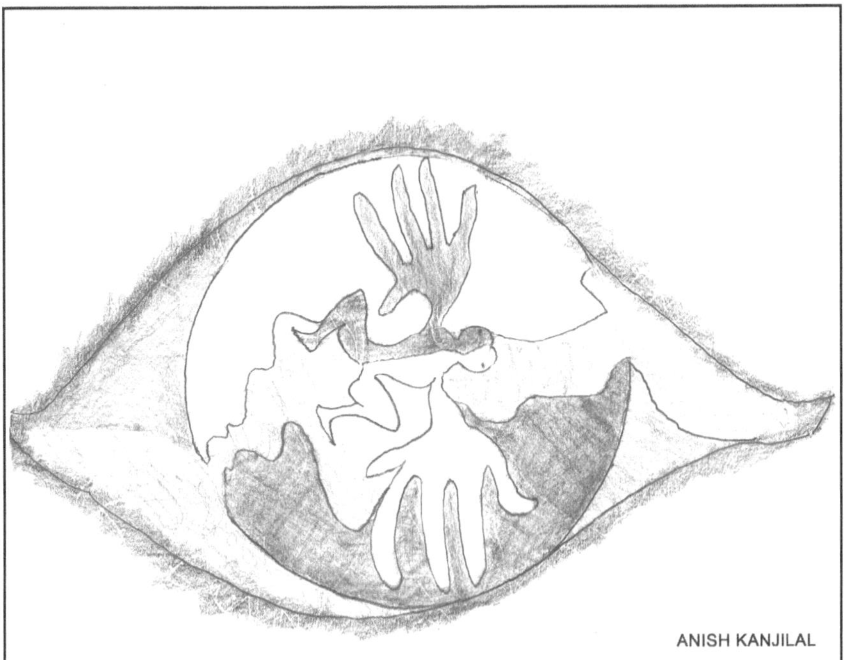
ANISH KANJILAL

Reiten auf der Illusion

Eine Träne eines Baumes nach dem Regenschauer, setzt sich auf einem Grashalm ab, wie ein Tautropfen

Entfernt von der Masse.

Ein anderes Staubkorn nach der Böe, Gleitet hinunter, ein Grashalm,

Wie ein geschmolzener Tropfen eines vergletscherten Schnees Gleitet hinunter eine zitternde Vergangenheit

Einbildung in einem zivilen Graben unter Quarantäne gestellt, üble Verseuchung im Wehenschmerz... Städte und Dörfer fallen weiter

die Menschheit kämpft, um mit dem Ruf des Schicksals zu verhandeln...

Die Gegenwart schluchzt, die Zukunft wimmert, inmitten des Dunstes jeder ein Splitter.

Fröhlich in der Muse,

Fröhlich im Reiten der Illusion...

Auf einer vorhersagenden Leinwand,

kritzelt man, was keine Täuschung ist

Wie die gebrochenen Winde und die vagabundierenden Wolken

Wie die abgetrennten Tränen Und die unverwandte Menge

Ich spalte das unreine Wasser und den Staub aus seiner Fülle

Wie die braunen Blätter Und der Äther vom Himmel

Wie hoffnungslose Hoffnungen und heimatlose Fliegen

Die Natur spaltet sich vom Wahnsinn Und kein Tag ohne Kompromiss

Die Zivilisation hat Fieber, Husten und Schnupfen Beladene Ameisen stehen Schlange, eine zu alte Tradition

Klaustrophobie, eine Decke für alle Natur ein neuer Herr, Menschen sind Puppen

Babys werden auf dem Bett von Microbe geboren Gier nährt sich von Ehrgeiz, Scheiterhaufen warten

Weit weg auf dem Rücken des Breitengrades schläft der Längengrad, weg von der Folterbank

Der Tod tanzt und tänzelt, das Leben ist wie in Trance

Katastrophe Katastrophe, wohin die Götter blicken...

Juni reitet Illusionen, Wellen und Schauer Der Geburtstag wartet unter einer Laube

In der Ferne ein einsamer Hügel, unter dem eines Tages kein Laut zu hören ist

MUSKAAN SONI

Der Mann in Weiß

Die Dunkelheit bricht herein, und ein Lichtfleck in nebelverhangene Wolken gekleidet, Dort das Ufer - du ein Mann in Weiß.

Weiße Ameisen wimmeln über deinen salzigen Busen, weißer Schaum spritzt auf dein Gesicht,

Dort drüben das Weiß, Welkin ein Baldachin,

Ein Mann, der kriecht, aber niemals von einem Rennen zurücktritt....

Refrain

Schau herab, Apollo, und betrachte die Not, dein Licht, du und er, alle ein

Mann in Weiß.

***

Der Himmel bricht auf, und in der Ferne ein Anblick, in Herbst gekleidet, mit Kälte beschmiert, dort am Horizont - du ein Mann in Weiß.

Es ist Winter auf deinen Zweigen, Frost an deinen Füßen...

Schnee auf deinem Haupt, Eiszapfen an deinen Wangen, aber immer noch deine Wut, aus der Grube zu kriechen...

Refrain

Schau herab, Apollo, und sieh dir die Not an

Dein Licht, du und er. alles ein

Mann in Weiß

Epilog und Orakel

***

Farben der Welt, schwöre deinem Stolz ab

Vergiss nie, dass du aus dem Weiß hervorgegangen bist, Außerdem bedenke, was der Spiegel

heute reflektiert, ist morgen ein

ein Mann in Weiß.

MUSKAAN SONI

Namensgeber

Die Erosion eines ganzen Tages: Morgen, Mittag, Abend und eine dunkle, tiefe Nacht fallen,

Die unzeitgemäße Anrufung der mütterlichen Bodhi und ihr ununterbrochenes Tagesgeschehen.

Mal ganz antik und alterslos und mal mitten in der Adoleszenz, ganz neu und naiv,

ein Puls, der mit Zinnoberrot beschmiert ist, ein Puls, der mit Sandelholz gefärbt ist,

ein Puls, der zögernd die Schwelle in Symphonie mit Muschelschalen überschreitet...

Und ich ein Epilog zu all dem, was mit ihrem Präludium begann,

Ich eine erwachsene Realität, umhüllt von ihrer Silhouette

Wir zwei umschlungen an der Wurzel,

Wir zwei umschlungen unter den Blättern, die uns wie eine Kapuze bedecken...

Unser Dasein im Rascheln der Blätter Wenn der Winter triumphiert und der Herbst weicht,

Unsere Fruchtbarkeit in der Verkörperung des Selbst,

Wenn der Frühling die Wiedergeburt ist und der Sommer der Schmerz

***

Und dann plötzlich ein Nebel,

ein undurchdringlicher Vorhang der Dicke Und dann Verstecken und Suchen,

Eine neue Entdeckung, Anziehung und Abstoßung Ein Versuch und Irrtum, um aus einem alten Schatten herauszukommen

aus einem alten Schatten...

Dann die Begegnung mit der Wahrheit, Begreifend, dass alles wandernd ist, Außer der immerwährenden Natur,

Mutterschaft und die immerwährende Wahrheit....

O Mutter, ich war abgelenkt, verirrt und gefangen in Inventar

und Kakophonie,

Meine Realität veränderte sich und ich versank in einem hässlichen Labyrinth der Mitte...

Ich erkannte, dass meine Tage von einst, noch

in der Wiege der Unschuld und meine Gegenwart ohne Ruder.

Meine Torheit hat sich in ihrem Schoß und im Kern meiner Seele aufgelöst,

erlebe ich die Geburt der Erlösung,

Mein Geist erhebt sich, fliegt weg von allen Illusionen.

Alle Halluzinationen verdampfen aus meinem Geist, während ich eine nie gekannte Freiheit in einer zeitlosen Leere ergreife...

Ich betrachte, dass mein Geist neu ausgerichtet ist...

Es dämmert mir, dass ich göttlich bin, so unergründlich wie die Mutterschaft,

Ich, eine Gewissheit unter allen falsch verstandenen

Ich bin Wissen, ich bin ein Gedanke, ich bin Freiheit,

ich Tag, ich Nacht und ich die nie zu überwindende Unendlichkeit...

***

Jahrtausende später:

In der Ferne donnert das Herzklopfen der Wolken,

Der dunkle Nordwesten terrorisiert, alles im Schoß und dann reißt er auf und entwurzelt die Mutterschaft und Wahrheit

- Du Bodhi

Eine lebendige Chronik des Aushaltens in Menstruation, Geburtswehen und Wechseljahren

Nun regnet es auf die Asche, Du Mutter auferstehst und geboren und dann,

Ich sehe einen mittleren Weg In tiefer Kontemplation, Mit Animesh lochan

Das Bedürfnis, die Heimkehr zu beschwichtigen ist vergebens, Ich warte auf die Dämmerung und den

endgültigen Freispruch...

NANDINI KEDIA

Die Glut ist kalt und das Feuer stirbt

Der Schatten verschlingt das Licht, und die Kälte verschlingt die Wärme,

Der Ozean frisst das Land und die Landbesitzer fressen das Fleisch, und so geht es weiter.

***

Im Herzen des tiefen dunklen Waldes, auf dem Sockel eines farnartigen Bodens, eingehüllt in Nebel,

wartet eine einsame zahnlose Höhle in der Dämmerung...

Gepeitscht zuweilen von einem Wildbach, Der sich von Lasten der Erde nährt... Eine seltsame Böe pustet die Gräser

und dann ein plötzliches Zittern, ein Beben,

Steine zerbröckeln und prasseln auf das Höhlendach... und einer bricht ein Fossil auf

***

Ein Monsun, eingefroren in der Zeit, Regengetränktes Holz... ein Hauch steigt auf

Träge trüber Abend, nippt am Tag Ideale Zeit für das Glitzern den Weg zu glitzern

Blau, Grün, Gelb und Rot, ein Pachtvertrag mit einem Regenbogen.

Die Sprache des Lichts, der Modus der Liebe, Ein Tanz zum Leben... eine gut gewebte Symphonie...

Ein Glühwürmchen, das mit Honig gefüttert wird, verzaubert von einem einzigen langsamen Puls,

Eine Reihe verführerischer Pfeile des Amors

- Ein Photuris in Verkleidung,

Der Nachahmer düpiert und betrügt und der liebesbeladene Naive antwortet auf die Beschwörungen....

Doch die Gabe des Meisterchemikers rettet ihm den Tag.

***

Nur knapp entkommen, sinniert das Glühwürmchen, Das soll sich nie wiederholen, beschließt der Schüchterne.

Und dann weht plötzlich ein seltsamer Windstoß die Gräser an, hebt die Fliege hoch

Und stößt sie in die zahnlose Höhle... Das Glühwürmchen erwacht aus der Trance,

Bleibt geblendet, keuchend an einer anderen Milchstraße, an einem anderen glitzernden Tanz.

Unter den vielen, die funkelten, gab es eines, das ein blaues Gewand trug

Pulsierend und pochend - ein Glühwürmchen...

Bald traf der Blitz der Liebe das Glühwürmchen, um zu beeindrucken; der Große Wagen

Versucht ein Fischhakenmanöver, Gleitet hinunter das Vakuum Ein akrobatisches Tauchen,

Rotation, Gleiten und Gleiten.

Lucibufagins eine Schachtel Pralinen,

Ein einzigartiges Geschenk und das Glühwürmchen wird scharlachrot...

Verziert mit Spucke baut sie eine Leiter aus Geifer,

das Glühwürmchen antwortet und wird von einer Spule umhüllt.

Der Vorhang schließt sich, der Tanz ist vorbei,

Das Glühwürmchen in Schwingung und das Glühwürmchen ein Säufer.

***

Versteinert in der Zeit, ein Nachruf geschrieben, gekniffen und verschlungen, Ende der Verzweiflung...

Die Böe ist verrottet und der Kosmos ein Abglanz Schlummert eine Atempause und Myriaden eine Täuschung.

Ein halber Mond wartet darauf, seziert zu werden... denn es gäbe mehr Resektionen.

Die Stille ersticht den Klang und alles ist stumm Jede Romanze ist nicht immer süß

Das Glühen nimmt zu und das Feuer wird in Ruß unterdrückt

Die Fliege im Lippenschloß mit einem Wurm für das Leben ist ein bizarres Rauschen.

www.ingramcontent.com/pod-product-compliance
Lightning Source LLC
LaVergne TN
LVHW041553070526
838199LV00046B/1946
* 9 7 8 9 3 6 0 4 9 4 6 9 8 *